edition ungrad

Gedruckt
mit freundlicher Unterstützung

Heinrich – Vetter – Stiftung

·

Hans Bichelmeier

Hanspeter Rings

ERDE AM HIMMEL

ERDE AM HIMMEL

Aphorismen

Bibliografische Information der Deutschen Nationalbibliothek: Die Deutsche Nationalbibliothek verzeichnet diese Publikation in der Deutschen Nationalbibliografie; detaillierte bibliografische Daten sind im Internet über http://dnb.d-nb.de abrufbar.

hanspeter rings / ℮∪ **edition ungrad**
Mannheim 2007
ISBN 978-3-8334-8919-8

Umschlaggestaltung und Layout:
Henry Heller, Dipl.-Designer
Herstellung und Verlag:
Books on Demand GmbH, Norderstedt
Satz: Book Antiqua

*Der erste Mensch ist von der Erde und irdisch; der
andere Mensch ist vom Himmel.*

1. Korinther 15, 47

*Der Kundige stirbt nicht, wird nicht geboren;
Er stammt von Keinem und ist Keiner selbst.
Geboren nicht, uralt, beständig, ewig
Kann er nicht sterben, tötet man den Leib.*

*Der Weise kennt das Selbst als den Gewalt'gen,
Der körperlos ist in der Körperwelt,
Fest unter dem, was wankt, allgegenwärtig,
Und die Erkenntnis macht ihn frei von Leid.*

Aus: Kâthaka-Upanishad

*O Prediger! Du hast die wichtigste aller Fragen, die
Allah Seinen Dienern im Jenseits stellen wird, vergessen!
Wenn wir Allah im Jenseits begegnen, wird Er uns fragen:
O mein Diener, Ich war die ganze Zeit immer bei dir,
mit wem warst du all die Zeit?*

Sufi-Meister Schiblî. Zitiert nach Osman Nuri Topbas:
Der Islam. Innere Wirklichkeit und äußere Form.
Istanbul 2004, S. 6

[Von der] *... eingewurzelten Gewohnheit der Mehrzahl
der Leser, ein Werk nach seinen Worten und ungenügend
klar ausgedrückten Ideen zu beurteilen, dabei seinen
Geist ganz außer acht lassend.*

H. P. Blavatsky: Isis entschleiert, 1. Bd.: Wissenschaft.
Den Haag [1877], S. 308

Freilich kann ein Vorwort nicht der Ort sein, all das zu ver-
merken, was in den folgenden Sätzen womöglich versäumt
wird – daher nur einige Anmerkungen, die dem Verfasser
nicht völlig unwichtig erscheinen.

Zunächst sei auf den Zusammenhang des vorliegenden
Aphorismenbands mit seinen beiden Vorgängern – Knapp
über der Erde (1997) und Einen Erdwurf weit (2001) – hinge-
wiesen. Alle drei Bände kreisen um unsere Existenz, einge-
spannt zwischen Erde und Himmel. Und womöglich liegt
mit der neuen Veröffentlichung ja so etwas wie eine Trilogie
vor, jeweils mit dem Begriff ›Erde‹ im Titel.

Nun mögen sich zu Zeiten der Inflation des Worts, besser
gesagt der Wörter, die Bände mit zusammen über 1500
Aphorismen einigermaßen bescheiden ausnehmen. Obwohl
sich Verfasser – Sie haben es herausgehört – eines quanti-
tativ motivierten Stolzes ob der Anzahl der Sätze auch nicht
völlig enthalten kann. Wie dem auch sei, Quantität ohne
Qualität bestraft der Herr beim Aphorismus jedenfalls sofort.
So wurde denn auch für diesen Band wieder nur etwa ein
Viertel des insgesamt Produzierten verwendet.

Nun sind nicht nur wir, sondern auch die Aphorismen seltsame Erdwesen, mehr oder minder angesiedelt im Spannungsfeld zwischen Himmel und Erde. Der Titel deutet es an im Vexierspiel von einer zum Himmel erhobenen Erde oder einem mit Erde bedeckten Himmel. Dabei kreisen die Sätze um einen gleichsam geheimen Punkt, mal schneller, mal langsamer, torkelnd womöglich – was immer dieser „Punkt" genau sein mag: Gott, Geist, Selbst, Äther, Matrix, ein verborgenes Quantenfeld, von all dem etwas oder doch etwas völlig Anderes. Eine lange Tradition menschlichen Denkens, inneren und äußeren Forschens, steht hier jedenfalls Pate. Dabei scheint jenem mirakulösen Punkt eine Durchlässigkeit zu eignen, die sich beinahe dem Denken entzieht: Eher schon will er denkend erfühlt oder fühlend erdacht werden und lässt sich mit der Sprache nur unzulänglich erfassen.

Bitten wir zu ihm dennoch drei Denker ums Wort: In seiner Rede *Zum Schäkespears Tag* von 1771 führt Johann Wolfgang von Goethe aus: ... *aber seine* [Shakespeares] *Stücke drehen sich alle um den geheimen Punkt (den noch keine Philosoph gesehen und bestimmt hat), in dem das Eigentümliche unseres Ich's, die prätendierte Freiheit unseres Willens, mit dem notwendigen Gang des Ganzen zusammenstößt.*[1] Man möchte hinzufügen: oder mit ihm potenziell harmoniert ... . Gleichsam korrespondierend formuliert der indische Philosoph Sri Aurobindo: *Das spirituelle Individuum würde vom eigenen Zentrum der einen Wahrheit und im Einklang mit seiner Selbst-Art dennoch auf einer gemeinsamen Basis wirken und nicht blind gegenüber dem Ander-Selbst und der Ander-Art.*[2] Ferner: *Die höchste Leistung von Vernunft ist es, die eine Substanz, das eine Gesetz, die zementierende verborgene Wirklichkeit herauszufinden, die die Vielen, die Verschiede-*

nen, Disharmonischen, Unvereinbaren verbindet und eint.[3]
Und Meister Eckhart ergänzt in seiner 10. Predigt:
Vernunft aber zieht Gott die Hülle der Gutheit ab und nimmt ihn bloß, wo er entkleidet ist von Gutheit und von Sein und von allen Namen.

Damit haben wir in gewisser Weise von jenem numinosen Land des subjektiv-objektiven Lebens und Wissens gehört, wo nicht überprüfbare Wahrheit so überprüfbar ist wie überprüfbare nicht überprüfbar. Nach diesem Land Irgendwo machen sich die Aphorismen auf, nehmen bisweilen die Chaussee, bisweilen den Seitenweg, Irrwege nicht ausgeschlossen. Letztlich, um in einem Irgendwo anzukommen, obwohl womöglich schon alles fertig vor uns liegt: ein Etwas, das wir vielleicht überhaupt nicht suchen oder von dem wir nicht hören müssen, wenn wir es nur ent-decken, entschleiern: was immer es dann auch – ist.

Doch als dreidimensional geprägten Wesen bleibt uns auch nichts anderes übrig, als an die „Sache" irgendwie heranzugehen, hier einerseits negativ, andererseits positiv ausgerichtet: Negativ in den Kapiteln ICH 1 bis 3, positiv in den Kapiteln SELBST 1 und 2. Steht bei den Ich-Kapiteln das verhärtete, festhaltende, eitle Ego, so bei den Selbst-Kapiteln das gelassene, ausgleichende, in der Tendenz harmonische und dennoch Dissonantes umfassende Selbst alias erwähnter geheimer Punkt im Vordergrund. Übrigens ist es eines, um diese Dinge zu wissen – falls man denn etwas weiß – und ein anderes, sie zu leben, wie Autor durchaus zugestehen muss. Dennoch möchte er sich bis auf Weiteres nicht davon abbringen lassen, dass eine Ausrichtung hin aufs Selbst um einiges lebens- und damit auch sterbenspraktischer sein dürfte. Die Zukunft wird es zeigen. Zuvor aber noch ein Wort zu den Kapiteln IDEAL 1 und 2. Hier handeln die Sätze tendenziell von einem ideal vorgestellten Ästhetischen, womit das ästhetische Ideal als eine Art Mittler auf dem Weg vom Ich zum Selbst gedeutet werden mag.

Letztlich wird keine Sprache dem Behandelten in toto gerecht werden können – da mag man Wörter und Sätze noch so sezieren und malträtieren. Daher sollte es auch nicht verwundern, wenn sich die Sätze schon mal ins Wort fallen oder ein Thema von so verschiedenen wie bisweilen ähnlichen Seiten einkreisen. Und sollten die Sätze einmal missliebig die Nase über ihre Stellung im Gesamten rümpfen, sei's drum – sollen sie doch auch für sich alleine stehen können.

Erlauben Sie dem Verfasser vorab noch zwei Bemerkungen. Erstens: Dass er eigentlich kein wirklicher Liebhaber von Aphorismen ist, mit Interesse vor allem die Vor- und Nachworte, so vorhanden, von Aphorismenbänden liest; dann allerdings die kürzesten Sätze präferiert. Indes erscheint ihm dieses Genre als nicht unvorteilhaft auf dem „Weg" hin zu jenem so Geheimnisvollen wie Offenbaren, hier Selbst genannt. Sollte doch den Sätzen, neben ihrer inhaltlichen Aussage, die Botschaft jenes Numinosen schon in ihrer Eigenart als sprachlichem Vehikel anhängen.
Zweitens: Haben Aphorismen durchaus den Vorteil, dass sie einem viele Worte ersparen, die man sich sonst hätte machen müssen.

1 Goethes Reden und Ansprachen, hg. und mit einem Nachwort
   von Gert Ueding. Frankfurt a. M., Leipzig 1994, S. 14.

2 Sri Aurobindo: Das Göttliche Leben. Zweites
   Buch. Teil 1. Gladenbach (Hessen) 1991 (2. Auflage), S. 61.

3 Ebd. S. 59.

Inhalt

ICH 1

Nicht zu jedem Grab müssen wir getragen werden.

Nur das tote Leben braucht einen Grabstein, um sich an ihm aufzurichten.

Das Sich-Einbringen nicht schon an der Außendarstellung scheitern sollte.

Das einzig Ehrliche am Ersatz-Sinn ist, dass er sich als Sinn kaum zu verstellen weiß.

Die Jagd doch nur etwas Flüchtiges durchsetzen will.

Angst be-stimmt unser Leben – hatte die Stimme doch schon lange das Fürchten vor dem Menschen gelernt.

Die Angst spinnt ein fades Licht, in dem manches zu grell erscheint.

In der Nacht leuchten die Krücken, die bei Tag ins Dunkle schreiten.

Das Vielleicht zum Zweifel verkommen ist, als ob der vieles leicht zu fassen wüsste.

Die Zauberformel zum Leben ist, den Zweifel des alltäglichen Vielleicht in die Gewissheit des all-täglichen Viel-leicht zu verwandeln.

Der Zwei-fel neigt dazu doppelt zu sehen.

Der Mensch ist eine Art Primzahl? Nur durch sich – Selbst – und
eins teilbar – es sei denn er zwei-felt.

1 + 1 macht zwei, eins und eins macht eins.

Das Symbol wird von innerer Stärke bestimmt, dem Logo
reicht die äußere.

Symbol aufs ewige Leben ist unser eigenes, und wenn wir
Pech haben, ist's nur Logo.

Lebens-verhältnisse werden gern einen Tick zu absolut
gesehen.

Vorsicht, wenn wir uns Denkmäler setzen, wir könnten
darunter liegen.

Das Beständige am Denkmal ist, dass es nicht dauerhaft ist.

Man soll niemanden unterschätzen, auch wenn er
überschätzt wird.

Wollen wir so gesehen werden, müssen wir es positiv sehen.

Immerhin hat Licht den größten Anteil an der Pflicht.

Generosität ist nicht der schlechteste Generator.

Zu-geständnisse sind nicht zwingend offen.

Das Kapital der Hingabe im Kapitalismus nicht so recht funktionieren wollte.

Was gut ist, lässt sich nicht erfassen, wenn es nur Gut ist.

Scheine sind die Wirklichkeit, als ob sie Schein wäre.

Planen ist vor Zweidimensionalität nicht gefeit.

Der Schlussstrich oft zu eindimensional ist.

Der Modus des Unter-scheidens uns auf der Höhe zeigt?

Die griffige These ist meist einen Tick zu angriffslustig.

System ins Leben und Leben ins System bringen.

Wenn man sich schon seine eigene Kunstwelt schafft, sie bitte nicht auch noch erforschen wollen.

Kleinvieh der Idee ist in Nutzställen nicht unglücklich.

Stichworte sind nur noch müde Idee aufs Treffende.

Wer nur auf Papier schreibt, bedenken sollte, leicht
zerknüllt zu werden.

Totgeburten nicht selten mit der Zange am Leben gehalten
werden.

Die ihr Kreuz schlugen und doch selbst daran hingen.

Sein Kreuz einem unter den Nägeln brannte.

Die Macht wird nur beweglich, wenn man sich mit ihr bewegt.

Eine so genannte feste Größe werden wir beweglich.

Sein Standpunkt einer der beweglichsten war.

Die Aussage vom wachen Bewusstsein schon etwas aussagt
über den Stand des Bewusstseins.

Dort, wo wir unsere Mit-Lebewesen verspeisen und wieder
ausspeien, scheint eine sterbliche Sonne.

Das alte Tieropfer hat noch jenes Leben, das
vakuumverpackt tötet.

Lebendiges füllt uns, Bewusstes nährt uns.

Als Brot noch das barmherzige Zaubermanna war, das Tier nicht mehr erschlagen zu müssen.

Sollten die Menschen dem Laib Christie erstmals auf den Kornfeldern begegnet sein?

Wenn wir die Tiere schon in uns beerdigen, so sollte es zumindest geweihte Erde sein.

Nutzgeflügel ist die vielleicht fahlste Idee auf jene des Engels.

So recht gefährlich wird's erst, wenn wir die Flügel einziehen.

Was den Engel auszeichnet ist, dass wenn er stürzt, sich die Flügel nicht bricht.

Die tiefste Natur der Aggression ist, dass der Erzengel nicht schlagen muss.

Am Schutzengel sind, wenn schon nicht die Schwingen, so zumindest die Schwingungen wahr.

Was erschwinglich ist, muss deshalb noch nicht schwingen.

Dass wir uns nicht aufschwingen, Indiz dafür sein könnte,
wir tatsächlich so etwas wie ans Kreuz geschlagen sind.

Wenn der Wind die Pflanze bewegt, ist das Tier, gar der
Mensch in ihr schon auszumachen.

Von einer geopferten Kultur, die sich tote Blumen schenkt.

Innere Blässe streicht äußere Farbigkeit umso greller heraus.

Die meisten Freiheiten sind grell geschminkte Unfreiheiten.

Wir sind vielleicht jene Wesen, die am eingeschlossensten
sind, und sich dabei am freiesten vorkommen.

Einstecken nur materiell stecken bleibt.

Nur Erfolg auf Augenhöhe von Misserfolg ist von Dauer.

Die Würde des Menschen sollte nicht im Konjunktiv stehen.

Wenn wir aus dem Gleichgewicht geraten, war's in der
Regel noch einen Tick zu materiell.

Der militärische Befehl nur noch äußerster Kreis einst
innerer Macht ist?

Bereits der Bluteid nur noch Innerliches veräußerlichte.

Die politische Wahl ist der Kulturkuchen der Entschiedenheit.

Schönstes Symbol der Demokratie: der Geist, der sich in eine Urne packen lässt.

Zerbrechen schließlich auch aufbrechen ist.

Am Ganzen ging die Schadenfreude noch stets zu Bruch.

Je vergänglicher wir uns definieren, desto fröhlicher macht uns die Schadenfreude.

Es – muss ein-mal gesagt werden, warum nicht, man darf gespannt sein.

Die Begegnung oft das unterschätzte Gegenüber ist.

Lebensentwürfe nicht Gefangene, sondern gefangen sein wollen.

Gelegentlich müssen wir unser Leben auf den Kopf stellen, um weiter zu sehen.

Gerade Lebensläufe sind tote Linien.

Lebensläufe sich nicht selten zu Tode eilen.

Apropos: Ziele sind auch dazu da – getroffen zu werden.

Einserleben nicht vergessen sollten, sie der Null alles
verdanken.

Den Dekaden fehlt schließlich nur das End-Z zur Dekadenz.

Es macht eigentlich keinen Sinn, wenn man schon sterben
muss, einzig vom Leben aus zu agieren.

Sterben ist halten, den Körper verlassen: lassen ...

Bedauerlicherweise gibt's nur den Zwang, etwas zu tun,
nicht den, etwas zu – lassen.

Kaum verwunderlich, dass ›unförmig‹ (alias ›geistig‹) nur
noch despektierlich konnotiert wird.

Die Form ist so etwas wie ein un-förmiges Geheimnis.

Geist seien wir nicht – doch bereits der so genannte Stein
des Anstoßes kommt recht immateriell daher.

Das Wörtchen ›an‹ birgt vielleicht die größte Illusion auf
Gewissheit.

Warum nicht – unser Leben mag eine mathematische Formel sein, aber eine, die nicht rechnet.

Mathematik ist so etwas wie ein glänzender Abglanz.

Logik ist nett, noch netter ist Unlogik, charmant aber ist Logik zusammen mit Unlogik.

Die Fischnatur noch Traumschiffe ersinnen sollte.

So exakt die Naturwissenschaft auch sein mag, was Natur ist – exakt das verschweigt sie uns.

Sollte die ernste Wissenschaft letztlich beim Nicht-Wissen ankommen, so weiß sie zumindest vom Humor.

Die Weltformel hat zumindest zwei große Unbekannte: Welt und Formel.

Wenn Sie dies gerade lesen, so gehört es auch zur Weltformel – mit ihren vielen Unbekannten.

Das Wörtchen Welt einmal weglassen, ihr näher zu kommen ...

ICH 2

ICH 2

Wir können nichts erzwingen, außer noch mehr zu erzwingen.

Das Können verbirgt sich, wenn man nur kann.

Möchten ohne zu mögen, ist nur ein Mag-Sein.

Man soll nicht tun, was man tut, es sei denn man tut es.

Schilderungen nicht hochgehalten werden sollten.

Rollenspiel ist eines, in Bewegung sein anderes.

Larvenköpfen nur selten Schmetterlinge entsteigen.

Wir können nur gegen den Strom schwimmen, wenn wir uns auch treiben lassen.

Wenn man das Meer nicht austrinken kann, muss man auf ihm schwimmen.

Das Meer spaltet sich nicht, wenn man nur mitschwimmt.

Es ist ein großer Tropfen Illusion, der verdunstet und zugleich befruchtet.

Schon mancher Nagel ward in den Kopf unserer Illusion getrieben.

Wir gehen über Leichen, jedoch: Einige von ihnen leben noch.

Das Vorurteil sich als Vorteil versprach.

Die Mischung macht's, nicht der Einheitsbrei.

Die Feststellung eines Fehlers wird fehlerfreier, so sie die eigene Stellung als Fehler mit ins Kalkül zieht.

Feststellungen nur mit losen Stellschrauben sitzen.

Als sich die heilige Zauberkugel der Herrschaft zum Spielball der Hierarchie wandelte.

Der Gehrock der Hierarchie kommt nicht selten allein, selten aber all-ein daher.

Hierarchie ist überall zum Verwechseln ähnlich, obwohl sie Verwechselbarkeit doch gerade ausschließen will.

Das geheime Glücksspiel dieser Welt ist, dass dort, wo wir weniger werden, eigentlich auch mehr; Umgekehrtes nicht ausgeschlossen.

Was die Etappensieger an den Verlierern so stört, dass sie Sieger sein könnten.

Das Leidwesen nicht selten zum Leitwesen mutiert.

Wenn gefasst, sind wir gelassen.

Es war zu fest, sonst hätte es sich festsetzen können.

Das Leben uns auch dank seiner Luftblasen erstickt.

Die sich ins rechte Licht stellen, sollten ihren Schatten nicht übersehen.

Es hat nur den Anschein, die Schatten uns zu Füßen liegen.

Die Tage ziehen wie Schatten an uns vorüber, als suchten sie ein Licht – in uns.

Der Prunk ist eine Zier ohne Rat.

Tote Fische schwimmen oben.

Die ein umstürzendes Bad in der Menge nahmen.

Der Clown braucht Publikum, Gegen-Clown unerwünscht.

Übel-nehmen ja auch nur uns selbst belastet.

Die da lästern sind die eigentlichen Helden, denn sie
nehmen die Last der anderen noch mit auf sich.

Die volle Last beim Nachtragenden liegt.

Die am Tropf hängen, oft das meiste Gift verspritzen.

Gibt's welche, die fühlen sich erst im Krieg, wenn schon
nicht gut, so fühlen sie zumindest etwas.

Wer seine eigene Handschrift hat, muss keine Hände
abhacken.

Sie fanden ihn im ewigen Eis, nichts war erfroren – äußerlich
zumindest.

Die Eigendefinition selten die des Eigenen ist, seltener noch
die des Eigentlichen.

Die Macht nur mit einer Prise Ohnmacht verträglich wird.

Die Macht mag definieren, doch der Definition fehlt's nun
mal an Macht.

Der Definition mangelt nicht selten die Kraft zur
Be-stimm-ung.

Die Grau-samkeit einmal bei Licht betrachtet werden sollte.

Nicht nur den toten Körper den Aasfressern verweigern.

Ent-sorgen ist das Zauberwort.

Die Wegwerfgesellschaft hat die Ent-sorg-ung noch nicht
in den Griff bekommen.

Abfall und Abfall ähneln sich fatal.

Das Böse haftet, das Gute hat's nicht nötig.

Und immer wieder bringt die Brutalität nur tote Brut zur
Welt.

Das Gute am Bösen ist, dass es kein Gut ist.

Das gute Auge verliert die Güte nicht aus dem Blick.

Arme wissen noch um den Gestus des Gebens.

Erfolgreich ist vor erfolgarm nicht gefeit.

Dass alles Mögliche so schwer ist, Indiz darauf sein könnte,
mit unserer Schwere etwas nicht stimmt.

Schwergewichte nicht selten untergehen.

Es fällt zu viel zu Boden, als dass wir dort bodenständig
werden sollten.

Die Erde schließlich auch nicht völlig rund läuft.

Wenn's schon nicht gerade gelaufen ist, so zumindest nicht
schief.

Wir kommen am Dunkel nicht vorbei, aber nur dimensional.

Das Leichteste ist bekanntlich das Schwerste: Menschsein
somit nicht zu leicht genommen werden sollte.

Gegenstände lagern sich uns an wie Beschwernisse, die wir
nie hatten.

Apropos Aderlass: Wirklichkeit an der Wirklichkeit ablassen, wirklich zu werden.

Wir sollten die Wirklichkeit nicht unterschätzen, solange wir nicht wirklich sind.

Es ist schwer, einen Gedanken zu fassen, wenn er losgelassen sein will.

Ideen, die wir nicht loslassen, werden rasch fixe.

Der Schritt beiseite oft der hin ist.

Absicht an der Sicht vorbeisieht.

Das Warten beim Erwarten ist oft einen Tick zu eilig.

Den in Stille bewegten Menschen stillt eine Brust mehr.

Dass wir leben, hat außer uns ja noch keiner behauptet.

Warum nicht dem Kapital der Körperlichkeit im Geist eine Gewinnchance geben.

Was von uns abfällt, schließlich auch angezogen wurde.

Geheimnisse ziehen uns an, Gleiches sucht eben Gleiches.

Sich etwas klarmachen und bitte den Trüb-sinn wegwischen.

Überhaupt werden Sehenswürdigkeiten erst dann interessant,
wenn man sie überall sieht.

Vieles ist Mist, doch dem erwachsen oft die schönsten
Blüten.

Es gibt ein Danebenleben, das aber nur dann Idee wird,
wenn das Leben sich in der Mitte bewegt.

Gewichtig sind wir sichtbar, wichtig unsichtbar.

Beim Ärger bedenken, es so noch immer kommen könnte.

ICH 3

Ichs, die sich verkapseln, sind die gängigste Droge.

Als das Ich entschied, das Selbst zu scheiden vorzog.

Das Ego ist jene Rüstung, die Kampf provoziert und doch nicht gerüstet ist.

Der Trieb zur Eitelkeit ist deutliches Zeichen dafür, dass dem Selbst noch keine Triebe gewachsen sind.

Selbstsicherheit vor Selbst-unsicherheit oft nur so strotzt.

Ich bringe mich um – was ...; was bringt mich um – Ich ...

Unter dem Palast der Kerker, unter dem Selbst das Ich lauert?

Phantomschmerz des Ichs: das amputierte Selbst?

Das Blut neigt dazu, sein Herz für das einzige zu halten.

Der Nationalstaat zelebriert das verfestigte Ich im Großen.

Die Guillotine mag das Ich kullern lassen, nur schwerlich das Selbst.

Was wir nicht in uns finden, sollten wir anderswo nicht vermissen.

Unklar wie sie waren, pochten sie strikt auf klare Verhältnisse.

Was sich nicht sagen lässt, das sollte man sagen; was sich hingegen sagen lässt, das oft besser nicht.

Einer mag wohl recht haben, aber – wohl – auch wieder nicht.

Auch Gerechtigkeit muss im rechten Moment abgepasst werden.

Nichts hat so oft getötet wie das so genannte Glück.

Das Glück neigt zum Tod, der keiner ist, der Tod zum Glück, das keines ist.

Angst ist getarntes Glück, Glück oft getarnte Angst.

Vom materiellen ›An‹ befreit ist Angst nur noch ein luftiges Konsonantenspiel.

Unser Zauberkunststück, das Glück verschwinden zu lassen, glückt leider allzu gut.

Das Glück liegt schon hinter uns, wenn wir nach ihm auf die Suche gehen.

Wer das Glück sucht, sucht garantiert das Unglück, denn das Glück ist schon da.

Nutzen ist nichts anderes als fahler Widerschein der Liebe, allerdings ohne Gewinn.

Man kann die Liebe nur ent-decken, wenn man die dahinter lebt.

Glück lässt sich nicht wiederholen, aber das Glück beim Wider-holen sehr wohl.

Wir sind unglücklich, doch das größte Wort darin ist: Glück.

Nichts ist ätherischer als der Standpunkt des eigentlichen Glücks.

Es ist eine unserer hartnäckigsten Ideologien, dass das Glück nur Ausnahme, nicht Regel sein kann.

Zynisch wie es anmuten mag: Die Idylle ist überall, nur so idyllisch vermutet es niemand.

Der schwarze Kern im Idyll ist nichts anderes als der weiße im Elend.

Suchte einer Erfüllung in der Suche nach dem Nichts und fand dessen Elendsgesicht.

Ver-nicht-ung ist äußerlich Zerstörung, innerlich ist sie Aufbau.

Aus der Wirklichkeit schauen Augen der Liebe, die wir nur dann nicht erkennen, wenn wir, ja wenn wir genau so fragen.

Was wir anschauen, schaut uns an, soviel zur Anschauung.

Befriedigen ist sinn-haft, befrieden sinn-los.

Es heißt schauderhaft, nicht schauderlos.

Nicht als Leib-haftiger sollte der Mensch auftreten.

Unzufriedenheit mit dem, was man hat, generiert noch längst nicht Zufriedenheit mit dem, was man haben könnte.

Freude funktioniert nicht, wenn sie sich noch so nennt.

Der Nenner ist die Freude, doch ohne Bruch.

Der Blumencorso des Seins kommt nur mit Wurzeln in Bewegung.

Lebensgefährlich ist nur Bewegung ohne gleichzeitigen Stillstand.

Je tiefer Anker gesetzt, desto agiler geht's von der Hand.

Mit einem Fuß im Jenseits brauchen wir im Diesseits nicht so zu eilen.

Im Grunde genommen – wieder mal nichts zu fassen war.

Fehlendes Grund-wissen ist so überraschend nicht.

Grund-besitz sich mit Argumenten noch nie be-gründen ließ.

Der Reichtum, der uns vorschwebt, nicht am Boden haften sollte.

Dem Angriff fehlt die Berührung.

Das Begreifen kam als Befühlen zu Sinnen.

Um zu berühren, musste noch keine Hand sich ausstrecken.

Die Hand, die uns berührt, wäre keine, wenn sie berührte.

Die inneren Hände greifen an, aber nicht an.

Die Hand, die nicht mehr zugreift, nun bestenfalls aufgreift.

Wir müssen die Hände nicht greifen, wo sie sich bieten,
sondern wo sie sind.

Dass der Geist sich auch im Mechanischen verbirgt, bezeugt
nicht zuletzt der Händedruck.

Gar indiziert der Händedruck die Stärke der Bindung
zu sich – Selbst.

Der Händedruck aus der Region vor dem Gehirn stammt ...

Schöpfen aus Regionen noch bevor sie Hirnregionen werden ...

Ver-hand-lungen es nicht selten an der inneren Kraft der
Hand gebricht.

Gehört werden wir, wenn wir in uns hören.

Wenn wir schon nichts in der Hand haben, warum sollten
wir es nicht in sie nehmen ...

Auf was wir uns ver-lassen können, das gibt den stärksten
Halt.

Das zarte Geflecht der Wirklichkeit will in der Unwirklichkeit geknüpft werden.

Die Kunst derer, die ihren Traum leben, sollte sein, dass sie ihn – aufgewacht – weiterleben.

Das Schwergewicht des Willens neigt dazu, uns hinabzuziehen, dorthin, wo wir gerade nicht hinwollen.

Es ist die Unmittelbarkeit, welche die Mitte findet.

Das Nebenbei hat seinen Sitz nicht selten mitten im – Ist.

Die Tellerrandperspektive sich in der Mitte sammelt.

Seitenhiebe prallten an der Mitte noch immer ab.

Das Um-sonst gern die Alternative übersieht.

Seinen Weg gehen, an den Menschen vorbei und doch mitten drin.

Der Spaziergang ist jener Weg, der deshalb nicht ankommt, weil er ankommt.

Wege rauben Zeit, der Weg gibt sie.

Es ist die Wendung ins Ewige, die nicht ins Abseits führt.

Wegführen, aus! besser: Weg führen – aus ...

Der Klopfruf des Fußes eine Gestalt entstehen lässt wie aus
der Idee.

Es gehört womöglich zur List des Lebens, den Menschen
aufs gerade Gleis der Abzweigung zu setzen.

Wenn wir suchen, sollten wir uns aufsuchen.

Ikone zur Ewigkeit das Menschenbild sein könnte.

Uns erscheint viel zu viel normal, als dass es normal sein
könnte.

Was sollte an unseren Geheimnissen schon geheim sein
angesichts des Rests?

Bewundern oft ohne Wunder, Wunder oft ohne Bewundern.

Das Wunder hatte Makel, doch die waren voller Wunder.

Wir erleben ein Wunder und leben es doch nur.

Die Wunder uns wunder-bar-erweise verlassen hatten.

Wenn das Sinnliche stimmt, ist garantiert eine Note
Übersinnliches dabei!

Einer Religion angehören ist sekundär, sie hören: primär.

Der Ritus ist bestenfalls Rettungsanker, den Geist über
Wasser zu halten.

Das Ich schafft die Götter, das Selbst den Gott; das Ich die
Religionen, das Selbst die Religion.

Sagen-haftes sich erst in der Lösung des Sinns bewegt.

Wo sie den Geist in Tücher gehüllt abtransportieren, dort
kann mit ihm etwas nicht stimmen.

Die Natur ist einigermaßen redundant, was sich am
Menschen gar ablesen lässt?

Die Bestimmung des Menschen sein könnte, nicht Platz
einzunehmen, sondern Raum zu schaffen ...

Auf der Stelle! alles Mögliche bewegen wollen – aber Ruhe
und Wandel seien natürlich nicht eines.

Sich ver-stehen heißt freilich: in Bewegung bleiben.

Wir ver-stehen uns, wenn wir aufeinander zugehen.

Präsenz im Präsens ist – Gegenwart.

Was ist das für ein Wesen, das sich Lichterketten ins Leben
hängt?

Eigentlich müssten wir ja nur die äußere um die innere
Sonne erweitern, um ein wenig klarer zu sehen.

Die Sonne geht – auf.

Wenn wir die Gelegenheit ergreifen, es nicht aufwärts,
sondern auf-wärts geht ...

Das Licht der Welt sie wieder mal unter deren Scheffel
stellten.

Voraussehen bewegt sich, vorausschauen hat sich schon
bewegt.

Es gibt eine Verborgenheit, die so tief verschlossen wie
öffentlich ist.

Das Geborgensein hat vom Verborgensein schon die Idee.

IDEAL 1

IDEAL 1

Was die Kunst ausmacht, ist, das Machen zu überwinden.

Es macht nicht Sinn, etwas zu wollen, Sinn zum Machen aber ist: nicht zu wollen ...

Das Vermächtnis der subtile Hintergrund des Machens sein könnte.

Den Knoten des Willens unwillentlich zerschlagen.

Nur unwirklich lässt sich der Knoten der Verwirklichung lösen.

Die feinstoffliche Logik des Wollens ist das Nicht-Wollen.

Vom doppelten Willen: ihn unwillentlich tilgen, seine Wunderwelt dahinter erstehen zu lassen.

Der Wille ist durchaus lebendige Idee; die fahle Idee indes nicht selten toter Wille.

Lebendig lässt sich nichts erfassen, außer man lässt's.

Der freie Wille ist das Grobraster zu dem, was da – will ...

Der Taktstock den Mut haben muss, sich schlagen zu lassen.

Der beste Dirigent zeigt gerade nicht, was er dirigieren will.

Die Natur des Takts ist seine Begrenzung in Freiheit.

Im Takt – sein.

Jedes Einzelthema ist letztlich Gesamtidee.

Bei genauem Hinsehen hat das Versehentlich schon
Besonderes im Blick.

Alles hat seine Zeit, aber nur, wenn wir den zeitlosen Punkt
finden.

Das Pünktlich-Sein hat etwas so Raum- wie Zeitloses.

Der Kontrapunkt seltsamerweise doch mit einem Punkt
auskommt.

Die Hoffnung erhält nur hoffnungs-los Substanz.

Das Zuverlässig auch vom Lassen lebt.

Nachhaltig wirkt's, wenn's gelassen wird.

Ein Wort mit auf die einsame Insel genommen: ›lösen‹ wäre nicht das schlechteste.

Das Weglassen auf den Weg führt.

Bezeichnend ist, wo man den Strich weglässt.

Wer zeichnet, lässt auch Striche weg, wer sie weg lässt, oft nicht ins gewünschte Bild passt.

Wozu und Dazu leiden beide an ihrer Schließfunktion.

Die Zu-kunft keinen eingebauten Schließmechanismus haben sollte.

Im Zukunftsweisenden wäre auch das Weise zu beachten.

Wegweiser kaum noch vom Weisen zehren.

Selten ein unterschätzteres Kürzel denn ›bzw.‹ alias beziehungs-weise.

Wenn Gedankengebäude einbrechen, haben Ideen die beste Chance aufs Überleben.

Es gibt kein rationales Geflecht, das nicht irrationale Fäden hätte.

Was zählt, ist das Nichtabzählbare: ein-geschrieben in Vieles.

Einbildung sich als Ein-bildung ins Positive wendet.

Das Viele fängt, das Eine fängt auf.

Der Rhythmus pulsiert im Ton, dem der Rhythmus entsteigt.

Aus dem Nichts zwischen Ton und Rhythmus entsteht
Melodie.

Apropos Rhythmus: Die lebendig Begrabenen können noch
immer klopfen.

Der Fuß in der Tür zum Selbst ist das Ideal.

Der Punkt ist, auf ihn zu zielen, und getroffen zu werden ...

Da hat er noch einmal Glück gehabt, der Punkt, denn vieles,
was auf ihn gebracht werden sollte, fiel haarscharf
daneben.

Besser lässt sich's nicht verheimlichen, es sei denn man
sagt's, gleichsam das Geheimnis der Sprache.

Einmal hingehört, dass sich in der Stille Strukturen bilden.

Kein lauteres Indiz aufs Sein als der Ton, kein leiseres:
als das Sein zum Ton.

Die Stimme in die Sache ist laut, die in die Idee lautet.

Das Gelübde ist ein schweigendes Paradies, das spricht.

Noch kein Staccato wusste zwei Töne endgültig zu trennen.

Das Nichts ist ein Wort, das seltsamerweise dennoch klingt.

Nichts-sagend zu sein, schönstes Kompliment sein könnte.

Wo der unterirdische Reim noch Rhythmus ist, dort tauchen
die Satzzeichen auf.

Satzzeichen sind das noch Vorklangliche der Sprache.

Vor-gesagt spricht weiter ...

Vor-sicht sieht weiter ...

Das Vor-bildhafte noch nicht haftet.

Worauf wir uns selten einen Reim machen, das ist der
Reim unter dem Reim.

Im Gedicht fehlt die Formel, in der Formel das Gedicht.

Der Mathematiker rechnet mit Infinitesimalen, der Poet sagt: kaum.

Ein so zartes Geschöpf ist die Poesie, sie noch jeder Gedichtband zu zertreten vermag.

Doch zart ist die Poesie nicht, in gewisser Weise gehört sie sogar zum Widerständigsten.

Die Poesie lebt dort, wo es ihren Namen nicht gibt.

Poesie ist so etwas wie die Reinkarnation des Klangs.

Etwas zu sagen haben, aber bitte dort, wo die Stimme versagt.

Poesie wird gemacht, indem sie nicht gemacht wird.

Die sich als Poeten bezeichnen, sind zumeist schon durch das Wort gezeichnet.

Die Wortstellung weit über den dimensionalen Raum hinausreicht.

Das Wort ist tot, es lebe der Gehalt! Doch der wollte so nicht leben.

Bedeutung als Bedeutung eigentlich schon alles nicht sagt.

Besprechen nur noch fader Abglanz einstigen Besprechens
sein könnte.

Wir schauen die Worte oft mehr an, als dass wir auf sie hören.

Selten nur erkennt die Leichenfassade der Interpretation
die Lebendigkeit des Leichnams.

Es gibt einen kulturellen Raum des Wie, in dem die Kämpfe
ums Warum nachklingen.

Warum sollten Geschöpfe nicht zunächst einmal schöpferisch
tätig sein?

Kreativität ohne Humor gibt es nicht, Humor ohne Kreativität
bestenfalls als verunglückten Witz.

Phantasie, die nicht am Joch des inneren Sinns geführt wird,
neigt zu sinnlosen Späßen.

Die Ernsthaftigkeit nur – lose – haftet.

Ideen nicht selten im toten Winkel des Gedankens verenden.

Winkelzüge verharren im Dreidimensionalen.

Verwinkelte Ideen sind zu Recht oft nur Eckensteher.

Bisweilen sind verwinkelte Ideen ein gutes Wie, runde gar
ein gutes Warum.

Wie sehe ich aus? Wie: Wie!

Warum gibt's die Welt, weil's ein Warum womöglich nicht
gibt ...

Die Idee ist nicht das Ganze, sondern bestenfalls Teil, in
dem Ganzes glänzt.

Die Politur der Idee ist ihre Tiefe.

Allein am Tropf der Funktion, funktioniert das Leben eben
nicht.

SELBST 1

Beim so genannten günstigen Augenblick sehen wir nicht, sondern werden gesehen.

Im Augen-Blick entsteht die Welt, im Augenblick die – Welt.

Der Zugänge zu etwas sind unendliche, doch jeder hat seinen eigenen Augenblick.

Im Augenblick die Erde der Sonne ein wenig Licht zurückgibt.

Den Augenblick froh gelebt, ist gewiss die beste Voraussetzung für den nächsten.

Das Geheimnis der Langfristigkeit ist ihr kurzfristiger Kern.

Wer über den Einsatz spekuliert, ist schon zu kurz gesprungen.

Über-stürzendes wieder mal nicht Anker in der Transzendenz zu setzen gewusst hatte.

Die Tiefe des Auges sollte kein Schädelphänomen sein.

Behütet werden müssen nur Kopfphänomene, die anderen sind es schon.

Leichentücher sind ja nun mal nur oberflächlich.

Der Körper eine Art Festung ist, die vom zu Schützenden
geschützt wird.

Schutz mag schützen, doch Nicht-Schutz schützt.

Die verlängerten Sinne den Sinn wieder mal nicht einholen
konnten.

Die Sinne sind zu aggressiv, als dass sie den Sinn zuließen.

Dem Fisch im Netz der Vernetzung unglücklicherweise
der entscheidende Flossenschlag gefehlt hatte.

Leichtsinn ist nicht Leicht-Sinn.

Verwirrung ist die kostengünstigste Stiftung.

Der Geist sich nicht von Hirn allein nährt.

Wir müssen uns von einer Seite her spiegeln, die überall ist.

Zwei Augen haben ja auch nur ein Licht.

Wer nichts zu sagen hat, muss dies natürlich um so lauter tun, wer Nichts, kann auch schon mal darüber schweigen.

Einmal über das Eigen im Schweigen schweigen.

Wie Thesen sich gottgleich schwätzen, Gott sich thesengleich verschweigt?

Wir verschließen allzu oft Ungeöffnetes.

Der Gottesdienst nicht zum dienstbaren Gott verkommen sollte.

Sich entlastend sich ent-decken.

Es ist die Unruhe, welche die Bewegung verhindert.

Unruhe ist Werden ohne Nichts.

Der Tonansatz zum Werden ist das Sein.

In der Akustik des Werdens klang es wieder mal nach Sein.

Die stumpfe Idee des Seins lässt sich nur schärfen durchs Nichtsein.

Nichts – verlangen ist so unbescheiden nicht.

Es ist der Klangbogen, der das Ich ins Selbst gleiten lässt.

Das Ich tanzt um den Menschen, das Selbst in ihm.

Das Ich ermüdet, außer als Arbeiter zum Selbst.

Vom Selbst als Lebens-Mittel.

Du, das ins Selbst reicht, ist nicht mehr billiges Alibi fürs Ich.

Das Ich altert, das Selbst war schon dort.

Die Vögel singen, doch keiner hört, dass es die von gestern nicht mehr sind.

Der beste Himmel misst in qualitativen Lichtjahren.

Die Quantität zur Kenntnis nehmen, und die Qualität kennen.

Für Quantität ist das Leben zu kurz, für Qualität mag's geradeso reichen.

Was zählt gerade auch unabzählbar ist.

Seine Rechnung ging nicht – auf.

Das Seltene verzaubert uns ins Alles.

Falscher Zauber ist nicht der, der auch dem Falschen innewohnt.

Dass der Herr dem Diener dient, mag schon der überdauernde Gegenstand indizieren.

Der Gegenstand erneuert sich, wenn von ihm abgehoben wird.

Zwischen Ein- und Mehrzahl könnte es weitere Währungen geben.

Der Widerstand der Materie der Wiederholung der Ideen eigentümlich ähnelt.

Die Wider-geborenen sich im Tod wieder mal nicht trennen konnten.

Der Widerschein leicht zum endlosen Wiederschein wird.

Wenn sich die Dinge abstoßen, so kommunizieren noch immer die Elektronen.

Apropos materialistisch – das Elektron noch in der Urne leuchtet.

Wirken nach außen ist innerliches Anziehen.

Der Edelstein schmückt die Erde nach innen.

Nach innen kehren und nach außen reinigen sind so beziehungslos nicht.

Das Gewand des Aufwands nach innen getragen werden sollte.

Aktion inaktiv – ist.

Wunschideen verkümmern oft, eher schon sorgt sich etwas um Ideenwünsche.

Die meisten träumen von ihren Ideen, statt diese von sich – Selbst – träumen zu lassen.

Unsere Kunst auf die Zweisamkeit ist ein-sam.

Wir begegnen uns viel zu selten in der – Gegenwart.

Das Massengrab erlöst nicht vorm Alleinsein.

Warum allein sein, wenn man all-ein sein kann.

Der Einzelne ist nicht wichtig, der Ein-zelne wäre nicht mal auf die Idee gekommen.

Ein-holen nicht überholt.

Das Ein-sammeln die Agglomeration transzendiert.

Der Tod ist zwar ein fader Geselle, doch Geselligkeit ist nun mal unser Leben.

Der Tod hätte nie geglaubt, dass man ihn ihm so leicht abnehmen würde.

Womöglich ist unser Vergraben ja nur ein Ver-graben.

Wir legen uns täglich ins Grab, aber nur weil wir nicht tief genug graben.

Das Glimmen der Existenz nicht allein im Feuer enden sollte.

Den Namen noch kein Krematorium einzuäschern wusste, schließlich heißt er ja so.

Sich selbst – nicht Selbst – in der Sonne stehen.

Das traurigste Grab bedecken oft die lustigsten Pflanzen.

Wir sollten keine Blüten über dem Grab benötigen, um verwurzelt zu sein.

Im Sarg sollte es letztmals verwinkelt zugehen.

Wohl ist die Grabbeigabe gen Jenseits nicht Beginn der Kultur, sondern längst säkularisierte Symbolbildung.

Das Flussbett des Lebens angraben, das Licht sich seinen Weg bahnen zu lassen.

Wir sind im Fluss, indes mit Wurzeln zur Blüte über den Wassern.

Wenn wir die Dinge nicht auf uns zukommen lassen, kommen sie uns auch nicht entgegen.

Wie die Fülle des Lebens erdrückt, so auch befreit.

Die größte Lebenslüge ist, nur zu leben.

Wen wundert's, dass Lebenskünstler – einst Lebens-künstler – einzig noch im Ruch des Zweifelhaften stehen.

Der Generationenkünstler lebt – Jetzt.

Was stirbt, hat nicht gelebt.

Das Leben stirbt zuletzt.

Das Leben kommt stets einen Tick zu spät, das – Leben – war schon da.

Man kann in den Tod nur hinübergehen, wenn man schon etwas kann, im – Leben.

Der Tod sitzt uns im Genick, als wollte er sagen: weitersehen.

Wir kommen am Tod nicht vorbei, aber wir können ihn links liegen lassen.

Und sollte alles tot sein, warum sollten wir es nicht zum Leben erwecken.

Da wir nun mal leben, liegt es gar in unserer Hand, den Tod zu verlebendigen.

Vielleicht ist es unser Kardinalfehler, den Tod zu akzeptieren, statt ihn – lebendig – zu bezwingen.

Die Herrschaft des Todes durch Macht überwinden.

Die Gewissheit des Lebens zum Tod ist ein Schalter in
unserem Kopf, den es zur Erleuchtung umzulegen gilt ...

Wir sollten den Kopf aus dem Dasein recken, ganz lebens-,
aber auch sterbenspraktisch.

Der Fehler ist, dass wir dem Tod, einem leisen Gesellen, laut
zu begegnen suchen.

Dem Tod können wir das Terrain nur sperren, wenn wir uns
in ihn erweitern.

Wir verstehen den Tod als Endpunkt, nur den Punkt, den
haben wir selbst ersonnen.

Den Tod verdienen – schon Lebensaufgabe wäre.

Von der wunderbaren Verwandlung der Welt, so wir
einmal ›heute‹ durch ›ewig‹ ersetzen.

Der Tod beginnt zu leben, wenn wir sein Wort einmal
weglassen.

Ein kurzes Leben gibt es nicht: nur ein kurzes Nicht-Leben.

Aus dem Schlitz des Lebens rutschen, ohne im Sarg zu
landen, das ist die Kunst.

Voller Über-zeugung nicht nur Weltliches gebären.

Im besten Fall ist das Gedeck des Todes üppiger denn dem Wurm bekömmlich.

Nur der Geist hat den Vorteil, dass die Würmer nicht an ihn gehen.

Der Wurm des Gebärens den Sargdeckel wieder mal öffnete.

Den Kopf zu tief geneigt, siehst du die Würmer über dir.

Hier anzukommen, bleibt uns nichts andres übrig, als in einer andren Welt zu leben.

Der Schrei hat noch keine Schale durchbrochen, der Klang schon eher.

Aus den Schalen – Menschen – schlüpften, welche die Erde nicht mehr bedeckten.

Der Klang gibt uns eine erste Idee von dem, was wir nicht sehen.

Verstand und Gefühl sollten so präzise übereinstimmen wie der Klang danach zuvor – ist.

Der Regenbogen ist jener Halbkreis, der uns vollkommen
erscheint.

Gedachtes vor dem Regen nicht gefeit ist.

Materie pur sei das Lebewesen, dummerweise war da auch
vom Wesen die Rede.

Das Wesen sei uns unbekannt, aber Wesen benennen wir
mühelos.

Je mehr dem Menschen wesentlich ist, desto weniger gilt
ihm oft das Wesen.

Wesen, die sich selbst aufhängen, noch nicht am Selbst
hängen.

Schon ein-mal hier ge-wesen – sein.

Die Reparaturanstalt
in unserem Hirn heißt – Selbst – machen ...

Wir müssen uns – Selbst – aufbauen, andere Baumeister
gibt's nicht.

Die Wunde des Realitätsausschnitts glücklicherweise
von – Selbst – heilt, Narben nicht ausgeschlossen.

Sich – Selbst – genügen, ist so bescheiden nicht.

Die so genannten Abgeklärten noch selten den Wassern des Selbst entstiegen.

Wir versenken uns und schöpfen Kraft, die uns am Versinken hindert.

Sich selbst sammeln und nichts finden, sich – Selbst: und gefunden werden ...

Gibt's eine Versicherung ohne Prämie, die – Selbst – angenommen auch schon ausgezahlt wird.

IDEAL 2

IDEAL 2

Tote Energien produzieren Lärm, lebendige Ruhe.

Es ist der kranke Klang, der als Lärm tötet.

Der Lärm mag ja der kleine Bruder des Klangs sein, aber zweifellos einer, den man gerne schlägt.

Wenn die Tiere lärmen, naht Unwetter, wenn die Menschen ...

Stimmen stimmen nicht immer.

Wo zwei obertonarme Stimmen sich treffen, wird garantiert zielgerichtet vorbeigehört.

Apropos Mensch: Nur tote Klangkörper produzieren Lärm.

Für jedes verstorbene Lärmwort dankbar sein, wie für einen Sarg, der nur Blumen enthält.

Von der Lärmlawine des Menschen, der gerade mit großem Tohuwabohu vom Sockel stürzt.

Die Welt ist ein Laut – und sie hasst sich, weil sie laut ist.

Das Geheimnis des Lauts ist, dass er nicht laut ist.

Wer Laut sein will, hat sich nun mal zur Unhörbarkeit zu
disziplinieren ...

Wir lieben die Ruhe, doch bei genauem Hinsehen ist's
die Ruhe, die liebt.

Die Schönheit hat das Hässliche im Hintergrund, aber als
Schönes.

Schöne Bilder sind nicht zwingend solche des Schönen.

Schon mancher Gipfel hat Wolken für den Himmel gehalten.

Den Himmel haben wir nicht in der Hand, seine Wolken
schon eher.

An den Früchten sollt ihr sie erkennen, vorher zubeißen
nicht empfohlen.

Der Witz ist, nicht Neues zu schaffen, sondern zu schaffen
wie neu.

Kaum verwunderlich, dass ›schaffen‹ heute auch negativ
konnotiert wird.

›Neu‹ ist vielleicht geheimstes Alltagswort, birgt es doch
Ältestes.

Neu wird's eigentlich erst, wenn's so schon war.

Wir können oft so schlecht aufhören wie wir auf-hören
können.

Das Aufhören-Können ohne Idee vom Klang freilich nicht
gelingen kann.

Wenn das Lied die Lider öffnet.

Der Klang kommt aus dem Nichts, der Lärm nicht mal
dorthin.

Lärm holt uns ein, der Klang ist schon da.

Die Notenengel sich auf Gittern niederließen.

Die meisten Notenbalken sind unsichtbar.

Die eigene Tonsprache lebt nur durch Ideenvielfalt
und vice versa.

Der Bogen in den Klang ist eben kein Verbiegen in den
Lärm.

Der gerade Ton ist der zerbrechlichste.

Die Lärmpastillen, die wir täglich schlucken, bestenfalls nur
das vergiften, was wir nicht – sind.

Sprache, die am Boden haftet, hat den Lärm erfunden.

Oft wird der Inhalt akzentuiert, obwohl doch nur ein
Schatten des Akzents auf ihn verweist.

Das sprachliche Kunstwerk funktioniert nur als inhaltliches,
das inhaltliche nur als sprachliches.

Sich im Licht die Bilder öffneten, im Klang die Wörter.

Es gibt nur einen Zauber des Bilds – das, welches ihr euch
nicht machen sollt.

Das Wort erheben ist allerdings eine ziemliche Verkehrung
der Welt, ist es doch eher das Wort, das erhebt.

Viele Worte machen und dabei zu Sprechen vergessen.

Im W-ort der Konsonant dem Ort seine Verfestigung nimmt.

Sich in Worte hüllen – man sich an ihnen nicht zu wärmen
vermag.

Als rundes Schreiben zu Rundschreiben mutierte.

Lebendige Leichname sich von Wortsärgen ernährten.

Wer will schon lesen, damit's ihm schwarz vor Augen wird.

Die Inflation des Romanworts könnte das verlorene Wort zu beschreiben suchen.

Das Erzählen sich vom Zählen wieder mal nicht lösen konnte.

Sprache höher hinaus sollte denn bis zur gestelzten.

Der Anspruch dummerweise auf die Sprache verzichtete.

Als der Anspruch zum Anspruch verkam.

Auf-schreiben ...

Sprechen ist ein Vehikel, das unbewegt bewegt.

Sprachliche Schönheit ist auch nur eine Jungfrau, die schon alles kennt.

Der Text – Selbst – mitschreiben sollte.

Die Sprache, die spricht, spendet die unausgesprochene Idee.

Die Sprache will ja nun mal ein Wörtchen mitreden.

Der Kehl-kopf als Gedankeninstrument oft übersehen wird.

Wir leben von der Sprache, doch nur, wenn wir sie wachsen lassen.

Es gibt eine Etymologie ohne Wortgenese, aber mit Ursprung, der keiner – ist.

Das unpoetische Wort ist gleichso poetisch, nur will es so erst noch gehört werden.

Der Be-griff neigt dazu, sich abzunutzen.

Das größte Rad dreht die Übersetzung im Subtext.

Das Lebens-Elexier das eloquente Nicht-Wort ist ...

Wo etwas darüber schwebt, wagt die Schwerkraft schon mal einen Blick nach oben.

Ein großes Thema kann man nicht wählen, weil es auswählt.

Wenn's mit dem Entrücken schon schwer fällt, so weiß der Aphorismus zumindest die Worte zu rücken.

Ohne seine unsichtbare Verwandtschaft fühlte er sich recht einsam, der Aphorismus.

Dem Aphorismus nachjagen, heißt bestenfalls, sich – Selbst – zu treffen.

Die kurzfristigen Ideen sind nicht selten die langfristigen und umgekehrt.

Gleich da, gleich wieder weg, das ist die Entstehungsgeschichte des Aphorismus – im Nu gesagt.

Der Aphorismus ist so etwas wie der größte Nenner des Unsagbaren.

Der Aphorismus: Wort zum wortlosen Wissen.

Der Aphorismus sagt nichts, aber das sagt er.

Wenn der Aphorismus sich so nennt, ist er schon keiner mehr.

Der Aphorismus ist kurz genug, den letzten Atemzug zu
überdauern.

Aphorismen haben durchaus den Vorteil, dass sie einem
viele Worte ersparen, die man sich sonst hätte
machen müssen.

SELBST 2

So alltäglich sind uns die Vokale, wir ihr Geheimnis als Selbst-laute kaum noch vernehmen.

Wörter konnten sie ans Kreuz nageln, das Wort wollte nicht halten.

Jetzt da, jetzt weg, so eine Welt namens – Jetzt.

Wir sollten die Arroganz der Gegenwart ablegen, das aber gelingt uns nur im – Jetzt.

Die Jahre vergehen, doch außer uns hat ihnen noch keiner einen Namen gegeben.

Von – Jetzt – an betrachtet ist Vergangenes in der Tat ver-gangen.

Im Leben tot sein und auf ein Leben danach spekulieren, kann schon deshalb nicht funktionieren, weil dort danach auch zuvor – ist.

Wir stehen jeden Moment vor dem Ende, das glücklicherweise auch vor jedem Moment steht.

Im Endlichen wollen wir alles Mögliche ewig besitzen, besser wäre: im Ewigen Endliches zu besitzen.

Dass wir unendlich Fehler machen können im Endlichen
und – endlich welche im Unendlichen.

Die Logik des Unendlichen sich im Endlichen, die des
Endlichen sich im Unendlichen verbirgt?

Wir müssen bisweilen die Zielsetzung ändern, uns dem
Ziel anzunähern.

Apropos Alter: Das Leben beginnt genau – Jetzt.

Die Angst vorm Alter umgeht, weil die innere Bildung
umgangen wird?

Die Kunst aufzubauen ist abzubauen – gleichsam die
Lebenskunst.

Die geheime Kunst der Vermehrung ist Verminderung.

Ältlich wirkt nur das Milieu, und sei es topaktuell.

Das Bequeme der Jugend in die Schönheit des Alters wandeln.

Erlauben ist die altersreife Variante der Natur.

Als Zeitlose werden die Greise wieder jung.

Das Alter wirft Schatten des Nicht-mehr-Könnes und zaghaft schon Strahlen des Anders-Könnens.

Wenn wir's direkt anfassen, sollte es uns indirekt schon angefasst haben.

Es gibt einen Adelspark im Kleingarten unserer Existenz, der wirklich bewässert.

Wir überleben so vieles nicht, wie sollte es ohne Gedankenstrich zum Über-leben auch möglich – sein.

Wenn wir's über-leben, haben wir gelebt.

Von der Erbsünde: Die Un-schuld die Schuld nicht zu verschweigen wusste.

Die Erbkrankheit, um nicht zu sagen Erbsünde, ist die Schizophrenie von Ich und Selbst?

Ich bin krank, in der Tat: Ich.

Evolution letztlich die Eigenart hat, dort, wo sie ankommen will, schon angekommen zu sein.

Evolution ist ein Taktstock, der zuschlägt, bevor er bewegt wird.

Aufgerichtete Wesen vom Untergang befallen waren.

Zu sehr nervt der Mensch, als dass er schmerzfrei sein könnte.

Evolution: So musste eine ganze Menge verwesen bevor's wesentlich ward.

Apropos Darwinismus: Geboren, um den Kampf mit dem Sein ums Sein aufzunehmen ...

Blutsbande sind Genealogie, Geistesbande Genese.

Der Drang zur Fortpflanzung der Surrogatstoff zur Ewigkeit sein könnte.

Noch pulst der Wurm im Gefieder der Seele.

Wenn die Glocken verebben, die Fische weiterschwimmen.

Den schönsten Eigennamen haben eigentlich die Fliegen.

Erst die Einsicht dem Facettenauge gerecht wird.

Die Übergänge sind's, an denen das Unwandelbare
besonders dauerhaft – ist.

Es gibt eine Wellenlänge, an welcher der Tod nur wenig
zu drehen vermag.

Weise mögen wir sein, aber bitte zugleich beim
Nicht-Sein.

Sein ohne nicht zu sein, ist erst die Idee zum – Sein.

Auf den Laichplätzen des Seins man vom Sein nicht sprechen
muss, weil man dort – ist.

Weit oben kreisen und noch immer im Jammertal sein Aas
beziehen.

Der höhere Zweck sich partout weigerte, dort oben
angesiedelt zu sein.

Die höchste Idee die Idee vom Höchsten meidet.

Inwendig von außen anklopfen.

Unsere Wünsche erfüllen sich im Nu, aber nur, wenn sich
die der anderen gleichso erfüllen.

Vielleicht ist uns am Tag zu leben derart vertraut, dass wir
übersehen, wie's am – Tag – zu leben gilt.

Die Mutation des Vampirs lebt am Tag,
nicht aber am – Tag.

Der siebte Tag, an dem wir ruhen sollen,
der – Tag – im Tag ist.

Einen Blick durch den angebrochenen Tag wagen.

Der Weihnachtstag ist der aus sich – Selbst – glänzende.

Wo wir – leben –, gibt's das Wo nicht.

In Frieden ruhen – nicht einzig Sargphänomen sein muss.

In Ruhe – lassen ...

Zur Beruhigung: Ruhe ist auch dort, wo sie nicht ist.

Der Witz am Auge Gottes sein mag, es das einzige ist, das
sich zugleich – Selbst – sieht.

Selbst – wenn ... . Ach ja, das wäre interessant.

Wir könnten Gott auch unterschätzen, wenn wir ihm das Fragezeichen verweigern.

Das Leben verwest, und das Wesen lebt.

Wesen, die verwesen, haben nicht – gelebt.

Das Ich, welches wir der Wiege hervorkitzeln, auf der Bahre nur als Selbst etwas zu lachen hat.

Es bleibt uns nichts anderes übrig, spätestens zum Ende hin, als das Steuer – Selbst – in die Hand zu nehmen.

Die Falle klappt nicht zu, wenn wir in uns – Selbst – fallen.

Der Witz ist, dass wir in die Zeit treten, ihr beizeiten ein Schnippchen zu schlagen.

So genau wir über die Zeit Bescheid wissen, so ungewiss ist sie, die Lebenszeit.

Der Zeiger der Zeit ist unser angeborener Feind, der sich als Freund auch wieder bewegt.

So unfrei sind wir, dass wir uns Zeit nehmen können.

Wir haben keine Zeit, aber die müssen wir uns einteilen.

Das Ziffernkleid des Seins ja auch nur einen Ausschnitt
gewährt.

Und immer wieder müssen wir Zeit investieren, die es so
eigentlich nicht gibt.

Vom Zeitfenster über die Zeit hinaus.

Wir brauchen Zeit, um die Zeitlosigkeit darzustellen.

Wenn wir schon Zeit investieren,
so sollte doch etwas Zeitloses dabei herauskommen.

Die Zeit wird nur erträglich,
wenn in ihr auch die Zeitlosigkeit tickt.

Der Heiligenschein der Zeit ist die Zeitlosigkeit.

Je nach Auf-gabe müssen wir die Zeit öffnen.

Vergegenwärtigen und verträumen – sich im Moment auf
Augenhöhe begegneten.

Der Tod ereignet sich nicht mehr im öffentlichen Raum,
obwohl gerade er, so Gott will, den Raum öffnet.

Wir schließen die Augen vor dem Tod – so perfekt, wie er
sie uns öffnen mag.

Gewinner solange ausgewechselt werden – bis sie gewinnen.

Das letzte Geleit uns Sterne geben, die längst verloschen.

Wenn der Himmel kein Gegenbild gibt, müssen die Sterne
nicht verschwunden sein.

Der Tod gibt dem Universum seinen Wimpernschlag
vor aller Zeit.

Das schönste Versprechen aufs Ende sein mag: vor-bei …

Wir sind ja nun mal ein Geist, der noch mit einem Gehirn
belastet ist.

Verletzlich wie unser Gehirn ist,
sollte es ›verletzen‹ eigentlich zuletzt denken.

Gehirne begraben Gehirne, nicht Geist.

Wenn die Blätter abfallen, bedecken sie nicht zwingend
ein Grab.

Die zarte Pflanze, aus der unsere Augen geboren,
hat schon manches mehr gesehen ...

Was bewegt, ist: sich zu bewegen ohne sich zu bewegen.

Was uns bewegt, erahnen wir nur, wenn uns etwas bewegt.

Umwelt, die nicht zugleich als Innenwelt betrachtet wird,
wird zerstört.

Den Punkt anstreben,
wo Kausalität zufällig und Zufall kausal wird.

Vom Punkt des wissenden Nicht-Wissens und der Plattform
des nichtwissenden Wissens.

Gewissheit gibt es nicht, nur das können wir nicht mit
Gewissheit sagen.

Schon mal beobachtet? Wie man's auch macht,
eigentlich ist's doch richtig.

Die List der Wahrheit sein könnte,
man sie nie für wahr halten würde.

Die nicht überprüfbare Wahrheit ist so überprüfbar wie die
überprüfbare nicht überprüfbar.

Wo überprüfbare Wahrheit und nicht überprüfbare
sich verbinden, entsteht Anbindung ans – Selbst.

Technik ist Magie außerhalb der Idee,
Magie ist Technik innerhalb der Idee.

Die Macht verliert nicht unerheblich, wenn sie sich
als solche zu erkennen gibt.

Narren sagen die Wahrheit, nur die kennt keiner.

Wir nur tief genug graben,
die Erde am Himmel erscheint ...

Hanspeter Rings
Knapp über der Erde · Aphorismen
Mit Bildern von Norbert Nüssle

1997, Verlagsbüro v. Brandt

Der Autor

Dr. phil., wissenschaftlicher Mitarbeiter beim Stadtarchiv Mannheim – Institut für Stadtgeschichte. Zahlreiche Veröffentlichungen, Ausstellungen, Vorträge, Führungen und Features zur Stadt-, Regional- und Kulturgeschichte, Wissenschaftsphilosophie und Wissenschaftsgeschichte sowie im und zum Genre des Aphorismus.

2001, edition ungrad